PÉTALOS A CONTRALUZ

LA FISURA DEL ALMA

Rosa Lloréns

Colección ites

PÉTALOS A CONTRALUZ. LA FISURA DEL ALMA

© Rosa Lloréns López
© Prólogo: Antonio Mayor
© Epílogo: Mila Villanueva
© Introducción a *La fisura del alma*: Ana Noguera
© de esta edición: Olé Libros, 2024

ISBN: 978-84-10053-22-9
Depósito legal: V-1304-2024
Impreso en España

KALOSINI, S. L.
Grupo editorial **olélibros**
equipo@olelibros.com
www.olelibros.com

A mis hijas por impulsarme en el camino.
A mi marido por creer y compartir mis sueños.

PRÓLOGO
Una lectura personal
(y quizá intransferible)

Es este poemario, en primer lugar, un relato de vida, si bien tiene la apariencia formal de un poemario críptico que sigue la corriente de la poesía hermética. Eso quiere decir que tenemos por delante el trabajo de ir descifrando símbolos, batallando con metáforas oscuras y naufragando en un vocabulario polisémico. Pero la vida subyace, se sumerge en la palabra poética, y Rosa, su autora, logra transmitirnos el ámbito poético de cada vivencia. Sus experiencias ocurren principalmente en su vida familiar y afectiva, pero también en su trayectoria como docente. Y, por tanto, sus temas se derivan de estos ámbitos. (Tuve la suerte de compartir con ella las tareas de la enseñanza en el mismo departamento de Lengua Española, en el instituto Luis Vives, de Valencia).

Podríamos adelantar una lista de los temas específicos que Rosa trata en este poemario. Muchos de ellos son universales: el amor y el erotismo —muy velado y, cuando no, muy matizado—; el afecto familiar, sobre todo el amor a la madre y a la hija; los recuerdos, agradables o lo contrario; los estudios psicológicos del otro; pero también los estados anímicos de la autora, el tiempo y, sobre todo, el pasado. A estos hay que añadir las interesantes vivencias como docente y tutora. Pero hay dos temas más específicos y quizá menos tratados en otros poemarios de alguien que se inicie en la escritura poética: el metalenguaje poético, es decir, la poesía sobre el escribir poesía, y un candente y doloroso tema de actualidad como son los de la discriminación social de la mujer y la mujer maltratada por el hombre.

Bien es cierto que estos temas y sus circunstancias casi no aparecen literalmente en los poemas, poemas cifrados, en gran parte herméticos, con símbolos polisémicos, difíciles de interpretar, que por lo tanto permiten varias lecturas. Esta variedad de lecturas ocurre porque Rosa trabaja los poemas con abstracciones de los hechos y sus circunstancias reales (hechos que han ocurrido y que Rosa ha protagonizado o de los que ha sido testigo) y los transcribe con un lenguaje que vela la realidad y la abre a múltiples interpretaciones, al tiempo que la inscribe en lenguaje poético, para ella interiorizarla más y hacerla trascender. Lo que se pierde en concreción se gana en abstracción, en una elevación de lo anecdótico a lo trascendental universal.

Por todo ello me atrevo, gracias a mi amistad con Rosa, a una lectura personal, y como muestra de ella voy a intentar ofrecer aquí, como digo en el título de este prólogo, mi interpretación de algunos poemas.

***

Ya en el primer poema, «Aire», la poeta nos plantea su desafío: «Cuanto más me duele el aire —¿la vida exterior?—, más me acerco a la ventana», más intentaré mirar, vivir esa vida exterior. Conciso poema de dos versos que se basa en la necesidad de asomarse a la libertad, de respirar saliendo del cobijo de la casa cerrada. Algo así debió sentir la gran poeta americana Emily Dickinson desde su voluntario encierro.

Y algo así parece la motivación principal para escribir y publicar este primer poemario de Rosa.

Hay algún otro poema breve, como «Luz en la sombra», en el que se da un paralelismo entre la luz y la verdad, el miedo enemigo de la verdad. Breve, sintético poema en la senda del haikú.

Cuando uno se topa con algunos poemas oscuros, al lector no le queda otra que deglutir y glosar. Son versos con apariencia clara y corazón oscuro. Se leen y alimentan, se transforman en otro poema, propio del lector inmerso (y quizá del inmenso lector).

Al ir leyendo me doy cuenta de que persigo una lectura crítica y en cambio soy empujado a una confusión donde solo brilla la palabra poética: «La flor de lis y el aire plisado», pero, a veces, esos diamantes sueltos cobran sentido: «El dolor no puede olvidar quién fui cuando era pálpito», dice la poeta en «Desconcierto».

En «Detenerse para seguir», la poeta —contradictoria— se entrega sin entregarse. Y ¿cómo lo hace? Desdibujando el presente. Hay aquí una antinomia o una antítesis paralizante, porque desconocemos la clave real, el hecho cierto que ha suscitado el poema.

Reconozco que, al hablar con la poeta sobre el origen de sus poemas, el libro adquiere todo su sentido. Y que yo, lector desviado, he leído dando a muchos poemas una interpretación propia. Y es que a partir de vivencias concretas la poeta hace abstracciones en las que muchas palabras polisémicas son susceptibles de varias lecturas.

Los temas del amor y el erotismo están presentes en algunos poemas, como en «Abrígame»: en el abrazo íntimo el corazón queda expuesto, pero aun así es posible llorar de dicha.

En «Cosida a la vida», ella (¿Rosa?) es alguien a quien la mirada se le quiebra como un rayo de cristal que buscara refugio en la bruma. Hay, ahí afuera, un mundo al que no querríamos pertenecer, pero también hay un antídoto: «Un beso de la boca desvestida» donde «soñar la luz del aire». «Palpitar» es un poema en el que se dice: «... Nos fundimos en la vorágine del crisol», y luego: «Quiero que guardes mi cuerpo junto al temblor del tuyo». Es el refugio del amor: te guardo en mí, guárdame tú. En «Languidecen las horas» hay una mezcla de tiempo y mar. Las olas naufragan con constancia, son fugaces y buscan el límite de los sueños; allí donde son más oscuros quizá sea el límite de las ausencias, y ahí «mendigo tus labios sobre la piel desnuda». En «Eco secuestrado» se evoca un momento de descanso de la pareja, la cabeza de él recostada en el regazo de ella. Según Leonardo, en la cita previa al poema, la razón no debe levantar la voz. Y Rosa lo aplica: «... Y queda el eco secuestrado bajo el volcán de mi sangre».

También el erotismo aparece en otros poemas, como en «Osada llama», en cuyos centrales versos dice: «Soy boca que oprime la desnudez de tu intriga. / El cómplice balanceo, / la esquiva ensoñación / que se aferra a tu herida / y parpadea en tu llanto». Y acaba: «Soy tu ausencia esquiva».

«Vacíos»: un yo y un tú. Yo me dirijo al centro de la luz, pero allí hay recuerdos sombríos. Tengo sed de fondear en tu memoria. Siento impotencia al contemplarnos, porque somos el resto de un relámpago que trata de iluminar nuestras hendiduras.

«Vi en ti»: rescoldos del pasado y cenizas de hoy. El óxido del deseo. La distancia tatuada. El latido de tu ceguera. Y el pasado... «Vi en ti el pasado».

Un conjunto importante de los poemas de Rosa recoge sus vivencias, tanto las sociales como las profesionales (la docencia, con sus tutorías), que le proporcionan relatos de experiencias traumáticas y, a veces, también felices, la amistad, etc. «Viva» es un poema críptico pero entrañable cuando se descifra. En la costa, ir a buscar el oxígeno de la vida y del mundo. Quizá la poeta pueda encontrar la eternidad en una lágrima. Hay una gaviota que la visita diaria a las dos de la tarde. Es su madre, la evocación, un avatar de su madre. Otro poema sobre su madre es «Un día rocoso», en el que expresa el dolor por el paso del tiempo. Se rompe el reloj de los cumpleaños, pero la poeta conserva como una coraza el último libro que leyó a su madre.

En el poema «Pedazos» dice: «Apuntalo las constelaciones en la piel / y soporto los añiles en la zozobra...». Por eso la poesía puede «palpitar con el derrumbe a cuestas» y hasta germinar entre las ruinas, pero solo a veces ocurre algún prodigio, como dice el poema de cierre.

Un tema muy presente en el libro es el maltrato a las mujeres. En «No consiento» la poeta se dirige a un hombre para reprocharle su maltrato emocional a una mujer. En «Que nadie me abrace» trata el maltrato de un padre a una alumna, relatado por ella a su tutora.

En «Nostalgia de mi vientre», el tema es la angustia de un parto por cesárea en el que nace un niño muerto. La poeta interioriza el dolor y lo expresa con sus habituales signos poéticos.

Otro de los temas del poemario es el valor de la verdad: «La verdad se desnuda. / Nadie desaparece de su rastro. La verdad deja huella, a veces dolorosa», nos dice en «Nadie desaparece».

¿Cómo enfrentarse a una poesía tan personal e impredecible —y en ello reside gran parte de su interés—? Cómo enfrentarse con tan bellas resonancias en el ámbito poético, irisaciones de voz, como por ejemplo en el poema «Escarcha»: «Arde la escarcha en las turbias madrugadas». Parece que la poeta despierta para reencontrarse a sí misma y huir de cierta amenaza o recordar lo que quedó de algo cálido y reconfortante.

En «Rozar la nada» Rosa escribe que hay que «rozar la nada, / ser flor herida..., pero erguirme en la locura, / concluir con todo, / despertar de mí». Es decir, ante tanta adversidad, cambiar mi yo, ser otra, pero para eso hay que acabar con todo. Rosa practica en este poema un nihilismo para alcanzar una supuesta plenitud.

Símbolos y metapoesía predominan en un grupo de poemas de este libro. Uno de los símbolos más utilizados en el libro es la cornisa y el abismo, el borde como refugio ante la caída al abismo. «¡Que nadie juzgue la voz de la poeta que cae!», dice en el poema «La cornisa».

(Y yo, aquí, al borde del abismo interpretativo, tratando de escribir un improbable prólogo crítico con esta lectura mía, tan arbitraria que busca la voz de la poeta y esa sensación de asomarse a la ventana. ¿Con intención de tirarse?).

En el poema «Presencia» se acumulan los símbolos arbitrarios, elegidos muy libremente (pétalos, tormenta, grutas, etc.) sin que la poeta nos desvele su significado, lo que oscurece el poema, en el que relata una vivencia personal que quiere revelar/ocultar. Podemos adivinar un amor imposible, rechazado, y con graves consecuencias. ¿Sacrificar el presente es corromper el futuro?

En «Escriturar distancias» la distancia y la ilusión son aliadas. «El rumor de lo simple es el camino de la plenitud». Aquí la poeta encuentra su plenitud entre las «alas» de un jazmín, buceando en la belleza antes intacta. El tiempo y el espacio son temas también presentes en el poemario.

El poema «Te alcanzarán» es un programa de infinitivos: respirar, vaciar, parpadear, vivir... En ese vivir — ejercer el oficio de vivir— que para la poeta es la poesía la alcanzarán otros iris, es decir, la gloria. (Poesía es «el lenguaje en los raíles del tiempo», bella definición que hace nuestra autora de la creación poética).

«Caricias». Ya en la cita, la poeta desgrana su programa vital. Y aunque la poesía no sea vida, ayuda a vivir. De nuevo en el mar, su melodía puede confundirse con «la orilla de una sílaba». Se trata de un poema metapoético. Poesía que habla de la poesía. En esta línea de lo metapoético está también el poema «Lírica».

Poesía hermética. Hay poemas que alcanzan tal grado de abstracción que es imposible establecer un hecho concreto cuya narración se nos hurta, pero cuya validez reside en la voluntad de trascenderlo en el lenguaje poético. Así, los aciertos formales dentro del lenguaje poético son frecuentes, por ejemplo, en el poema «Distancia tatuada»: la lejana memoria y la memoria de lo lejano son un viejo desván y la vía es ahora una vidriera, una captura de la luz, una sintonía tatuada. En el siguiente poema, «Durmiendo en tu olvido», la poeta aclara el viejo recuerdo de otra persona: «Tú eres la luz con otra sed».

El poemario acaba con el poema «Plenitud». Terminar un libro de poemas es alcanzar cierta plenitud. Las palabras sanadoras son ángeles; a veces la escarcha arde en la mañana; a veces el fango te cubrirá de frutos. Los símbolos te salvan. Tengo el temor de que quizá el autor de este prólogo no haya alcanzado la plena interpretación de este gran libro de poemas y se haya ido por senderos que se bifurcan. La polisemia, señor, la polisemia...

Antonio Mayor
Doctor en Filología Hispánica
Catedrático de Instituto

Aire

Cuanto más me duele el aire,
más me acerco a la ventana.

LLORAR HACIA ADENTRO

Los recuerdos borrosos evocan
la tranquilidad de lo sencillo.

Días cayendo sin nombre,
el instante desprovisto de herida
en un perímetro sin rumbo.

Me miras con franqueza
y derramas tus huracanes.
Te escucho y combato tu oleaje.

Llorar hacia adentro de la mirada
no nos borrará el sufrimiento
ni lo hará calma en silencio.

A RESGUARDO

No se puede encontrar la paz evitando la vida.
Virginia Woolf

Cobija tu piel
de las envidias que te oprimen.
Cuando alcancen tu herida,
mantente fuerte y desinfecta
el corazón de las mordeduras.

ABRÍGAME

Piel con piel, el corazón
se torna indefenso,
sin huecos en la madrugada.

Palpita la lluvia de seda,
teje un laberinto ámbar.

Por el lagrimal
desciende la dicha.

AGOTADOR SURCO

Crece por dentro tu recuerdo
en las arrugas de esta coraza.

Soy pálpito entre líneas.

Finjo que el agua muerde
cuando navega tu reflejo
por los vaivenes de la añoranza.

Me sostiene el brillo
de los días entonados.

Habito en la lejanía.

Hoy no hay calma,
solo la obsesiva certeza
que surca el hielo.

Ausencia de mí

Diseño un atisbo de voz
que solo yo puedo escuchar.

Días sin eco,
golpes entre el sendero
de páginas nubladas.

Necesito definir una tregua,
esculpir el estruendo
que me sostiene.

Surco el espacio
que devora mis entrañas
en la espesura.

Nadie puede volver al lugar
donde jamás retuvo su aire.

En una partícula de lluvia
quizá se engendre un futuro
y la huella será el humedal
de todos mis rescoldos.

ESPESURA CAUTIVA

Reposan las ausencias
en la retina del que tuvo.

El sosiego
es una actitud temporal,
un estado presente
que dormita en sombras.

Jirones de desdichas,
desgarros que asoman,
insatisfacción vital.

Un golpe en el recuerdo
en la súbita espesura
de tu propio yo.

                                    Ausente.

CONDENA DE SILENCIO

La punzada encajó discretamente,
la buscó sin aproximarse.

Se le congelaron las palabras
como un aullido de versos grises.

Sin distancias apresó la angustia
con el pálpito en sus huesos,
el desprecio se convirtió en sonido.

Advirtió que convivía con el vacío.
                    En sueños huía a pedazos.

Desnuda de su ser,
en la oquedad de sus párpados
olía su postura.

Una imagen indigna de sí misma
fue clausurando latidos,
fue clausurando,
fue.

Se abandonó, dejó de luchar.
Sin avisar.
El final cerca de nadie,
el final cerca,
el final.

Y, antes de apagarse
las luces de la ambulancia,
soñó con la calidez
de parajes algo más amables.

COSIDA A LA VIDA

A veces, necesitamos una pesadilla
para despertarnos.

STEVE TAYLOR

Se quiebra la mirada inerte,
busca refugio en la bruma.

Escucha rumores del mundo
al que no quiere pertenecer.

En su pétrea existencia
se pliegan lamentos
del caos que la engulle.

Se abraza al instinto
donde, con un beso
en boca desvestida,
sueña la luz del aire.

DESCANSARÉ

Exhausta
partiré hacia el invierno
donde el verbo me aguarda.

Sostendré del tiempo,
mi destino y sus regates,
la flor que centellea.

Escucharé el eco
entre sus formas de seda.

Cuando perezca la voz,
habitaré el reposo.

Desconcierto

A pasos agigantados
me persigue tu nombre.

Trazo caminos en la niebla,
cierro el pórtico a la oscuridad.

Al abrigo de la impotencia
clavas dardos en la espesura.

Se desvanece la vida.

El ritmo es lento
cuando estallan los días grises
en la cima del cielo.

BALBUCEO DE LLUVIA

Me conmueve tu aliento
cuando descansa la noche en mi piel
y penetras en todos mis escollos.

La memoria se guarece
de ecos febriles, en un tiempo
donde la angostura te evoca.

Cuando mengua la vida
en fugaces recovecos
nuestras mareas duermen.

El vértigo me alcanza,
los latidos se adentran
con huellas de identidad.

En la sequía me cubren
los balbuceos de lluvia.

El cuerpo estalla sin voz
y, entre llanto, mis latidos.

Detenerse para seguir

Ya no entrego
mis labios abatidos
ni soy flor de lis.

Desdibujo el presente
y estreno su aire plisado.

Mi cuerpo resiste treguas,
golpes que galopan quimeras.

El dolor no puede olvidar
quién fui
                    cuando era pálpito
                              y me reconocía.

DISTANCIA TATUADA

Observé la vida,
me alcanzó,
la crucé y se superpuso.

La memoria
cubre con sus huellas
el viejo desván.

Rechazo
del vidrio su reflejo,
del sigilo la repentina luz
y las muescas que arañan
la paz del ventanal
que la vida capturó.

Me empapa
esa última sintonía
tatuada en el cuerpo.

Ahora, distante.

ECO SECUESTRADO

Quien de verdad sabe de qué habla,
no encuentra razones para levantar la voz.

LEONARDO DA VINCI

Cierro los párpados
sin acunar el aire.

Palpita el peso de tu mirada
y queda el eco secuestrado
bajo el volcán de mi sangre.

Apenas el sueño baila
en los nenúfares de mi vientre
tañendo dos vocablos.

Tirita la pregunta
y, ebria en su amenaza,
agoniza el perfume.

El abismo

Descansan las auroras,
tropiezan mis pétalos
contra el azar del abismo.

Se fusiona en las pupilas
la danza en el arrecife
con hálito inoportuno.

El desaliento persigue
la desgana en la escarcha,
en la metamorfosis del viento.

Ráfagas en la frontera
donde no sopla la escucha
y dormita la memoria.

Adherido al reposo,
el vínculo se escinde
y es espacio la quietud.

En la cornisa

Hay ecos teñidos de plasticidad
a través de la mirada.

R. Ll

La voz en el friso exhala su opresión,
en la quietud expande su dureza,
se mece en el temblor,
se incrusta en las quimeras.

Cada vida pulsa su anhelo.
Cada voz defiende su tono.
Cada cornisa es un refugio.

Que nadie,
        nadie,
                juzgue la caída.

ESCARCHA

Ardo en las turbias madrugadas.

Me despojo de nosotros,
escribo chaparrones,
lesiones que se escapan
en el tiempo troquelado.

Hubo promesas,
promesas de escarcha.

Cuando adormezca tu reflejo
decoraré mi propio jardín
y, al despertar,
me impregnará su fragancia.

El reloj me arranca de ti,
de vuelta a mi tacto,
ahora sin huella.

ESCRITURAR DISTANCIAS

Para recobrar mi fragancia
me hundí en las alas de un jazmín,
buceé entre sus pétalos.

Escrituré ilusiones
donde pude advertir
que las pupilas se detienen
en la belleza intacta.

Ese rumor de lo simple
es el camino a la plenitud.

ESFINGES DE CRISTAL

La indómita cordura
retiene las paradas
de algunos fragmentos vitales.

Es noche cerrada
y le imploro al gesto
cuando acorrala mi libertad.

Las primeras lágrimas
emigran con dolor contenido.

Recupero
de la vida su sal,
de la nostalgia
su erosión.

Guardo todas las esquirlas
para estar atenta.

La huella

El tiempo cura las heridas... ¡No estoy de acuerdo!
La mente, para preservar su cordura,
las cubre con tejidos de cicatriz
y el dolor disminuye, pero no se va.

Rose Kennedy

Trepo por las noches solemnes,
se tuerce el cauce,
regresa la tormenta
enredándose a mi pálpito.

La luna inflama el sendero
y perfila el devenir.

Mi piel necesita
una huella de serenidad
cuando el dolor de la infancia
madruga su gemido.

La rosa no desaparece
en la fragilidad de su tallo.

Fractura

Se rompieron
las franjas de la aurora,
los precipicios, la confusión.

Se curvó mi rumbo
desorientado en la tristeza,
en su vulnerable vaivén.

Si la monotonía invita
a izar la vela sin viento,
te ofreceré lo desconocido
en la cumbre del porvenir.

HACERME AÑICOS

El recuerdo me hace añicos
cuando muerde sin licencia.

Corro entre el tumulto
de sonidos que acaricio.

Suenan arpegios errantes
que sucumben a la deriva.

Zarpan las lluvias,
navegan sin viento
para deshabitar las herencias.

Me anclo ante el colapso
para fundir las astillas
de una travesía desbocada.

LANGUIDECEN LAS HORAS

Una palabra después de otra,
esa es la única forma en que se hace.

ISABEL ALLENDE

Sin que nadie pueda sujetar
su naufragio constante
o volverlas inmortales.

Descienden las horas.

Su fugacidad habita
en el límite de los sueños,
en la opacidad de su piel.

Se precipitan.

Se desvanecen
bajo el temblor
y la presencia de sus lágrimas.

Fenecen los instantes.

Mendigo tus labios
al reconocer mi piel desnuda
en el tránsito a ninguna piel.

DURMIENDO EN TU OLVIDO

El ego me hace el amor.

Tú serás la luz con otra sed,
con otro nombre,
en otro cuerpo.

Yo seré tu rítmica duda.

Ardo en ti
como una herida
en el cauce del sol.

LUZ EN SOMBRA

La luz
se recuesta en la sombra.

La verdad
busca cobijo ante el miedo.

La incertidumbre
se libera en el sueño.

Me prometo

A Javi.
Te abrazo cuando tu mente quiere calmar mi rebeldía
y te beso para aclarar mi voz.

R. Ll.

Me prometo
no ser huella en la oscuridad
ni bordar el horizonte con pétalos
donde se funde la marea en el desorden.
Me prometo
despejar de lástima las pestañas
y tragarme las penas a sorbos
cuando el eco me desmonta.

Me prometo
dejar atrás el pasado,
sin huir de sus latidos,
de la fuerza que me empuja,
del impulso en una lágrima.
Me prometo
Limpiar de escombros
los surcos de mi piel
y, si el instante crepita,
oler la brisa al alba.

NADIE DESAPARECE

La filosofía es el arte de hacer preguntas más que el de responderlas.
SIMONE DE BEAUVOIR

Deambulan
las violentas horas.

En la humedad
la noche clausura su rastro.

Amaina la tormenta.

El rumor de un instante
cincela sus huecos.

Dormitan dos lágrimas.

Una es mía,
la otra es deshielo.

El aire recorre
el umbral del hastío.

La verdad se desnuda.
Nadie desaparece de su rastro.

NO CONSIENTO

No hay barrera, cerradura ni cerrojo
que puedas imponer a la libertad de mi mente.

VIRGINIA WOOLF

Que cruces mi puerta
con los pies descalzos
y las apariencias intactas.

No puedes
hacer de mi morada
tu castillo sin fisuras.

No consiento
que confundas tu caos
con las trincheras de mi vigilia.

No puedes
quedarte en mis cicatrices
para guardar tus llagas.

No hubo ayer

Sostuve entre mis dedos el ocaso,
pinté violetas marchitas,
la niebla sometió al sol.

No hubo ayer.
Enlacé del presente
sus escollos.

Sin máscaras despertamos
fingiendo ser el fruto
hasta la asfixia.

NOSTALGIA EN MI VIENTRE

Una angosta grieta decapa mi vida,
inunda la geometría de mi andadura,
recuerda la cicatriz solar
que transita sus destellos
por el viaducto de mi regazo.

La ensoñación se enreda holgada
y esquiva los reveses.
Se repliega en su balanceo
como el junco doblado
que siempre retorna.

Ocupa dunas hendidas,
eructa hielos de pasión,
crece en el pentagrama de magma.

La brecha traspasa el abismo.
Con las manos esculpo
la sintonía del riesgo azul.

Nervios destruidos
en fragmentos de tu cuna.

Osada llama

Soy la osada llama
que engulle tus inquietudes.

El camino no es distancia
ni mi ausencia es tu olvido.

Soy la boca que oprime
la desnudez de la intriga.

Soy cómplice del balanceo
en el reino de ensoñación
que se aferra a tu herida
y parpadea en tu llanto.

Soy tu ausencia esquiva.

PEDAZOS

Apuntalo las constelaciones en la mirada
y soporto en la zozobra los añiles
de marcados rasguños.

Olvidé la crecida de la luz
junto a la inefable vida.

Entre la confusión,
una flor germina consciente.

Puedo palpitar
con el derrumbe a cuestas.

¡QUE NADIE ME ABRACE!

¡Que nadie me abrace!

No siento el olvido
ni la tupida lluvia hiriente
ni el perpetuo cáliz
ni el lamento opresor
ni la sombría pena
ni el gélido aliento.

¡Que nadie me abrace!

Tropiezo al encuentro
de hebras rasgadas
en una tormenta angosta
de cristales oblicuos,
sin adherirme a tus labios
perpétuos de arena y lava.

RECONSTRUIR

Reconstruí mi guarida,
exploré la fragancia del desgaste,
buceé sobre sus marejadas.

Escrituré
el trayecto del crepúsculo,
su belleza, el susurro y sus latidos.

Advertí
que los sollozos repican
en el remanso de algunas voces.

Aunque tengas pesadillas,
hay caminos hacia el resplandor.

REGÁLAME EL OLVIDO

Me debo ternura
sin oír transitar tu sombra
por las grietas de mi carne.

Me debo la huida.

Que no me estremezca tu voz
ni escale el quebranto
en un hambriento desprecio.

Me debo la vida.

Enterrar el olor de tu piel
                donde en silencio anochezca
                    y se haga, por siempre,
el olvido.

ROTURA

Se rompieron las franjas de la aurora,
los precipicios se desmoronaron
y el incierto camino
se retorció entre batallas.

Ahí, ahí
gesticuló la penumbra.

Se apagó la pasión,
se impuso la desidia,
se instauró un discurrir
que quebró los límites.

Quizá me duela el alma
porque, entre tanto sudor,
me quema el frío.

Rozar la nada

Cuántas veces he intentado
mantener la mente en blanco
la víspera de una lágrima
cuando todo se enciende.

Temo a la noche
porque el sueño no te duerme.

Puedo rozar la nada,
ser flor vencida, sin márgenes,
cuando estalla el viento
y erguirme en la locura
de una canción.

Concluir con todo en sus espinas.

Y, en el filo de otro intento,
despertar de mí.

TE ALCANZARÁN

Respirar
entre la voracidad del fuego.

Vaciar la garganta.

Parpadear
en un instante de júbilo.

Vivir
y, sin tregua, resistir.

Atrapar
el lenguaje
por los raíles del tiempo.

Y si la mirada se arrepiente,
¡no renuncies a su embrujo!

Otros iris te alcanzarán.

Presencia

Caminos que trazan bucles
de angosta complejidad.

En la voz resuenan
la fractura de los tiempos,
las ausencias troqueladas,
los cuchillos de la envidia.

Llueven compases de misterio
y las tardes negras se funden
entre las cenizas y nada.

Los inviernos nos aguardan
con las manos al desnudo.
La noche calla suspiros
que sucumben en la lluvia.

Sacrificar el presente
por un deseo impulsivo
es corromper los pedazos
de este presente opresor.

TRAVESÍA

Camina lento, no te apresures,
que a donde tienes que llegar es a ti mismo.

ORTEGA Y GASSET

Todavía permanece
la maraña en esta densidad.

El ayer disimula los tropiezos,
la consternación en la superficie.

La fragilidad del equilibrio
es mi única aliada
en el túnel.

Azota el mutismo.

El tumulto es el reencuentro
con la torpeza de mis pasos.

Hoy, son azotes de espesura.

Vi en ti

Vi en ti
los vestigios de un pasado
en la quebrada fatiga
de una fábula.

Vi en ti
el óxido del deseo
que se perpetró en mi piel
como un resplandor malherido.

Vi en ti
la distancia tatuada
en ecos sordos
y el latido en tu ceguera.

Vi en ti
el pasado que empuñabas,
el vendaval que se yergue
en la compleja compostura.

Tacto

Arden quimeras en los huecos
de mis huellas y tus brasas.
Mi lengua, sin edad,
domina la ternura y su fatiga,
medita sobre el rastro
que trazo con mi voz.

Un huracán marmóreo
traslada la noche con sus renglones,
se incrusta en tus caricias
cuando escalas mi nombre.

Muerdo la melancolía
en mis días de ti.
De ti la calma rota,
la vida entre las brasas.

De ti los descosidos.

CARICIAS

Necesitamos caricias literarias.
La vida no es poesía, pero la pasión
por los versos te ayuda a reconstruir la vida.

R. LL.

Percibo diluirse tus labios
en la tibieza del fluido.
Supuran pensamientos de sal
y reverberan sus matices.

Busco una brizna en el ocaso,
en el faro de las neblinas,
mientras la marea se desdibuja
y da ritmo a mi voluntad
en los torpes ayeres.

La palabra nos brinda
el ímpetu en su belleza,
la melodía que late
a la orilla de una sílaba
quebrando la dicha de su acento.

Lírica

La poesía es el espejo que refleja la vida
a través de sinfonías veladas.

R. Ll.

La plasticidad emocional
se aproxima al pálpito de la carne
que late en su impulso.
Sale ileso y promete abrazar la voz,
te redime de la sumisión,
sana la humedad del alma.

Es el vigor cuando rasga la brisa
en una bocanada de arpegios
que estallan en la garganta.

Es convocar al escalofrío
como refugio que se ancla
desde hoy y para siempre
en la encrucijada de su evocación.

INQUIETUD

Concédeme el descanso
en la noche insomne
para prender alfileres
en el huracán que me invade
de sed y hambre.

Que hilvanadas mis palabras
cubran la desnudez
de este cuerpo frágil
y, a contraluz, la lluvia
se adapte al perfil de mi regazo.

Dame la serenidad
para ser poesía.

Te entrego la pureza
al despertar de mí.

ABRIR LAS GANAS

Suena el tono de una voz.
Anochece el latido,
su fragancia es poema.

En los márgenes del tiempo
se guarece la penumbra.

Hay versos
que deshojan su perfume
en las entrañas de un arrullo.

Hay distancias que engullen
la sangre tóxica
con su fuerza desbocada.

Abramos
la puerta a lo imposible.
Saltemos
los días que sepultan.

CONVIVIR

Sobre el reflejo
de múltiples inquietudes
dibujamos nuestras huellas
y trazamos el futuro.

En la espesura de lo incorrecto
blindamos un paréntesis.

La humedad calla
la promesa de un pétalo
que tiembla sin voz.

Los rasguños cicatrizan.

VÉRTIGO

El tránsito de la vida
se recuesta en el sendero
que desdibuja mi regazo.

Hay huellas que laten
y desaparecen conscientes.
El desapego causa vértigo
en el perfil de la rutina.

Con nostalgia
me escondo en los recovecos
y pinto el corazón de amapolas.

Duele latir bajo la inclemencia,
saber que el rastro de las gotas
no fijará mi refugio.

Desbrozar el ayer.
Vivir sin vértigo
el clamor de tu ausencia.

FLOR DE AIRE

Estaba el cielo.
La nada.
Las huellas del vacío.

Por abruptos senderos,
el destino y su metralla.

Sostuve los latidos del aire
en el clamor del instante
en que todo se derrumba.

La sed de amar.
Mi victoria.
El paraíso.

Morir para perdurar.

UN DÍA ROCOSO

A mi madre.

Rota en el desgarro,
el paso del tiempo duele.
El surco punzante no se aleja
de los días que tacho en el calendario.

Se fragmentó el reloj
en los pétalos de tu hálito
al no poder celebrar
el día de tu cumpleaños.

El rosa de tu nombre
germina tu luto.
Hoy, 23 de abril,
mis manos sujetan
el último libro que te leí
y lo retengo como mi coraza.

Enciendes la llama
en este diluvio

en el que yace la oscuridad.

VIVA

Graznan las gaviotas
en la pulsión de los océanos.

En la calidez de esta costa,
la superficie deja caer
el oxígeno del mundo.

La eternidad
de la última lágrima
es el declive en el desierto.

FASCINACIÓN

En la extrema delgadez
de tu discurso
clavo mi mirada
y tus labios sellan
el volcán que callas.

VACÍOS

Me dirijo al punto de luz
donde la claridad culmina
y es vértigo lo opaco.

Hay bravos recuerdos
que atrapan mi sed
sin fondear tu memoria.

El crepúsculo me desviste,
sollozo en la inquietud de ser
ahora, huracán de tu desgana.

Desde la zozobra contemplo
el tamiz de nuestros cuerpos,
el clamor ancestral.

Somos el ápice de un relámpago
que bucea en hendiduras.

PALPITAR

Como en la primera madrugada
que nos acercó el tacto de la lluvia
apresamos las incógnitas.

Nos fundimos
con el sonido de la tempestad
que cubrió de misterio el refugio
y fuimos vorágine en el crisol.

Quiero que guardes mi cuerpo
junto al tuyo es su temblor
y que esculpas mis latidos
donde la distancia te acaricie.

MATICES

El viento
sostiene los vocablos
sin reparar en las ausencias.

Cuando late la presencia del verano
y un fantasma es el impulso
de mi lánguida memoria,
tu constancia se inserta
en las aturdidas sombras.

Cuando lates, solo deseo
acariciarte para salvar,
del viento derramado,
el frío que araña nuestra orilla.

FUEGO

El universo tiene sus verdades
cuando la oscuridad es manto.

DOLORS ALBEROLA

Fuego en la arena
de azarosas sintonías.

Ocultas en latidos de ébano
mil lágrimas pernoctan
en el reflejo de la bruma.

El perfume intacto
es el embrujo
que yace en la piel.

CUMPLIR AÑOS

La oportunidad de haber caído
y el tesón por encontrar la ruta
cuando el mundo muerde.

Ser algo más que luz
en la opacidad del nombre.

Escuchar las estrellas
y fijar nuestro pálpito.

El reposo en la mirada
y el acento en lo menudo.

Es vestirse de encaje,
guardar los recortes,
agradecer los remiendos.

Es el retrato de un ángel
que moldea la magia
de contar conmigo.

ESCOGER

Las calles son de color ceniza
entre el polvo que opaca la luz natural.
Las sombras de los viandantes
bloquean el futuro en su rostro.

Las nubes castigan con la mirada
a un aturdido gorrión
cuando, sin historia, alza el vuelo.

La vida camina a rastras.

No guardaré de la lluvia su llanto.
No construiré mi mañana sobre nieve.

La herencia preservará mi fortaleza
y, cuando el filo del granizo impacte,
cubriré el tedio hasta que se licue.

BÚSCAME

Búscame
en la desesperanza anclada,
en el murmullo de la corriente,
en la mirada que entrego.

Búscame
cuando mi rastro se diluya
en el entramado de orquídeas
y surjan escollos de vidrio.

Búscame
en el párvulo secreto,
en el arrullo posible,
en la retina de la mar.

PLENITUD

A Mila, en el laberinto que es vivir.

Ángeles
son palabras sanadoras
que te acunan sin rozar
como abrigo en la quietud.

A veces
la escarcha talla hebras
que encienden la madrugada
de corolas almíbar.

A veces
la inquietud del recelo
por la vigilia continuada
se aferra al abismo.

A veces
encuentras raíces
cuajadas de tropiezos
con arpegios de bondad.

A veces
la palabra que te sustenta
es el único germen
que te cubrirá de sueños.

A veces
divisas el puerto anhelado
y con seguridad amarras
la infinita gratitud.

A veces
el eco de los pensamientos
alcanza la luna llena
y se convierte en guarida.

A veces,
solo a veces,
ocurre algún prodigio.

Vuelo de palabras

A Toni Alcolea,
por convertir su pasión
en la mejor vitamina para la mente.

Se me escapó el corazón
hacia las bellas estancias
donde palabras emprenden
su vuelo hacia el universo.

Caminos que se fusionan
donde descansan historias
que, increíbles o encantadas,
en la médula se infiltran.

Esperanzas e ilusiones,
el dolor que más desgarra,
los veranos que descubren
vanidades imperfectas.

La palabra fecundada,
la eclosión en el sendero
de las mentes que guarecen
vida impresa en tus estantes.

EPÍLOGO

En el ocaso de las páginas que danzan con versos, el poemario se desvanece en un suspiro de palabras que han explorado los confines del alma. Ausencias, como sombras melancólicas, han tejido su manto en cada poema, resonando en la sinfonía que late con la cadencia de la añoranza y vibra dentro del silencio.

Las lluvias de la nostalgia, balbuceantes como lágrimas, han empapado cada línea, dejando tras de sí un rastro de recuerdos que danzan en el aire como notas de una canción melancólica. En los abismos de la soledad, de las despedidas, en la punción de las heridas, las palabras se convierten en faros que iluminan el camino hacia la reconstrucción, guiando al lector a través de los laberintos que van de la oscuridad hacia la luz.

Las huellas de tiempo, con su ritmo lento, con sus días grises, marcadas en las estrofas, son testigos mudos de un viaje que transcurre entre susurros, entre espesuras, entre humedales, haciendo surcos en el hielo. Deshaciendo el vértigo. Forjando un carácter. El tacto de caricias poéticas roza el alma y la resguarda, creando un universo sensorial donde las sílabas devienen en versos que erizan la piel del lector y al mismo tiempo le sirven de abrigo.

En este viaje lírico, los ángeles de la poesía han descendido para posarse en cada estrofa, en su vuelo extienden la gracia sobre los versos que elevan el espíritu. Como bien dijo

Flaubert, si mirásemos siempre al cielo, acabaríamos por tener alas. Y así, entre las líneas, se gesta ese recorrido aéreo, liberando pensamientos que se despliegan como mariposas al viento, como pétalos que descienden hacia la tierra, liberándola de las sombras. *Pétalos a contraluz.*

El epílogo, como un cierre sucinto, invita a reflexionar sobre la belleza efímera de las palabras que, con su ritmo lento, se despliegan en este poemario. Palabras bellas, evocadoras, que van desgranando la sucesión de experiencias, y ahí se revela la fuerza sanadora de la poesía, que actúa como un bálsamo en las cicatrices que el tiempo va tejiendo en cada ser, en cada instante, en cada cosa.

En el crepúsculo de estas páginas, el lector se encuentra no solo con un final, sino con un nuevo comienzo. El poemario es un eco que resuena como un arpegio, recordándonos que en cada palabra yace el poder de transformar la ausencia en presencia, las heridas en victorias y el tiempo en un eterno presente donde las letras nos invitan a elevarnos hacia nuevos horizontes, a despojarnos, a trascender, a reconocernos, a llegar a la reconstrucción y la plenitud y al fin «*habitar el reposo*» *y recuperar la sal de la vida. Porque* «*hay caminos hacia el resplandor*».

Mila Villanueva

AGRADECIMIENTOS

El libro que hoy sostengo entre mis manos es posible gracias a muchas personas.

A mi marido Javier que, en la sombra, dos pasitos por detrás, me acompaña y me empuja hábilmente en el camino, me tiende la mano y me completa como mujer.

A mis hijas, de las que aprendo a ser madre desde su nacimiento y que se han convertido en mi motor, orgullo, ejemplo, entusiasmo y guía, haciéndome sentir la mujer más importante cuando las miro.

A mis padres. Ya no están, pero en mi memoria resuenan la necesidad de tener valores y de ser buena persona. A mis hermanos y la familia, lo más preciado y que jamás se compra. Te lo regala la vida.

A mis alumnos y compañeros de profesión; en especial a todas aquellas adolescentes y madres que han sido, con sus confidencias y confianza, la simiente de casi todas mis inquietudes y la mayoría de estos *Pétalos a contraluz,* porque en mi memoria cada una representa una bella flor tumbada por el aire en contra, ahogada durante un chaparrón; frente a mis ojos, decidieron no seguir en su tallo volcando desde el anonimato sus inquietudes y sufrimiento. Para que dejen de tener miedo a pesar del miedo. Les rindo homenaje y les entrego mi voz con la intención de que cualquier pétalo que caiga al suelo no se marchite y sea el abono que haga más fértil su corazón.

La libertad de la mente es la meta hacia la igualdad. Nuestros actos conforman la fuerza y la resistencia no callada.

Porque os prometí y me juré que «NUNCA, JAMÁS» iba a dejaros solas.

A los impulsores de esta obra. A Antonio Mayor, autor del poderoso y cuidado prólogo. Mi maestro desde hace veinticuatro años. La persona más grande, humilde y cercana que creyó en mí y me lo demuestra.

A Mila Villanueva, por su bello epílogo. Amiga y compañera de letras. Me buscó y me encontró. Ahora tiene un lugar de luz en mi corazón mientras disfrutamos de proyectos juntas.

A Ana Noguera, inteligente, carismática y muy cercana que, en 2017, consideró *La fisura del alma* merecedora de un premio y firma la reseña.

A Toni Alcolea, editor y padrino de mi hija Carla, en 2019, como Reina de la Poesía de la agrupación literaria que presido «Amigos de la Poesía» fundada en 1949 y en la que vuelco mucho amor.

¡Gracias, muchas gracias! a todos y cada uno por entregarme vuestro valioso tiempo y la sabiduría de vuestras palabras.

La fisura del alma

Premio Ateneo Blasco Ibáñez 2017

INTRODUCCIÓN

En 2017, tuve la fortuna de ser jurado de los premios del Ateneo Blasco Ibáñez de Valencia. Siempre es gratificante la confianza otorgada en estos actos que son tan significativos para la difusión de la cultura y la promoción del talento. En esa ocasión, el galardón fue para Rosa Lloréns y el relato que se recoge de nuevo en este libro.

Aquel premio dio la ocasión de conocer más estrechamente a una mujer muy especial, a establecer relaciones de amistad y cariño, y a visibilizar un poco más a una escritora que se ha asentado con firmeza en el panorama cultural valenciano.

Rosa es maestra, especialista en Lengua Castellana y Francés. Transmite muy bien su capacidad pedagógica, su dominio del idioma a la hora de escribir, así como una sensibilidad exquisita y humana que impregna no solo sus escritos, sino su quehacer como persona.

Poco a poco, de forma discreta y amable, Rosa ha ido integrándose en la escena literaria valenciana, convirtiéndose en una persona indispensable en cualquier acto, lectura poética y organización de jornadas o talleres literarios, y en las diversas asociaciones a las que pertenece; su presencia es una permanente dinamización.

Aporta su buen hacer literario y su conocimiento de las letras, pero hay algo más: esa bonhomía que la hace tan sincera y entrañable, que proporciona confianza y afecto.

Cuando escribe hay mucha sinceridad en sus trabajos, mucho de ella misma. Eso es lo que se transmitió con el relato premiado.

La fisura del alma tiene varias partes que lo integran: «Detener la calma», «La plenitud del vacío», «El regreso de lo que no fue», «Apagar el frío», «El aroma del olvido», «Con todo mi yo» y «Lo que esconden las murallas».

Los títulos ya representan una declaración de principios, la profundidad de lo que vamos a encontrar en el relato. Cada título encierra en sí mismo las raíces de los sentimientos y emociones que Rosa nos irá narrando. Títulos poéticos y profundos.

Cada una de las partes se enlaza con la siguiente para dar cuerpo a un relato intimista, sensible y muy poético. Con un manejo extraordinario del lenguaje y una profunda sensibilidad, Rosa nos introduce en el sufrimiento, el dolor, la preocupación que produce el amor, pero también en lo grande e imprescindible que es.

La primera originalidad es el inicio y el final. Inicia el relato con una sola y potente palabra: *mamá*. Es la misma palabra con la que termina el relato. Solo esa palabra para comenzar y finalizar un relato tan intenso como el significado del término *mamá*.

Con extraordinaria sencillez desgrana las contradicciones y paradojas que supone el ser madre. Así lo define ella misma: «Es el nombre más precioso que conozco y el que más me horroriza».

Porque Rosa nos va mostrando lo que todas las mujeres sabemos, pero nos cuesta definir, y que ella describe con maestría. Esa conflictiva sensación entre sentirse la persona más importante del mundo, con la responsabilidad del cuidado de los hijos, al mismo tiempo que la vulnerabilidad y el miedo de no ser capaz de proteger a los tuyos de todos los males.

Así lo expresa con fuerza: «¡Cuánto duele el dolor de un cuerpo que no controlas porque no te pertenece!».

El relato avanza como un diálogo con su propia madre, con un hilo que se teje entre generaciones, con una genealogía que nos pertenece a las mujeres.

Rosa es poeta y esa expresión impregna toda su narrativa. Hay frases tan bellas que resultan versos en sí mismas, como esta: «Se me apagó la luz del alma y no sé por dónde transitar».

Y algo que Rosa transmite tanto en su literatura como en su construcción personal es la confianza en el ser humano, el amor a la vida y la gratitud al universo por formar parte de él.

Ella misma describe que sus temas preferidos, aunque variados, versan sobre asuntos que están relacionados y que forman piezas de un mismo puzle: el amor, el ansia de vivir, la pasión por los animales, el respeto a los demás, la afectividad, el apoyo a los más desfavorecidos, la memoria y la nostalgia..., siempre con una visión moral y reflexiva en defensa de los valores humanos.

Su escritura no es ajena a su persona.

Adentrarse en este relato es adentrarnos a conocer mejor a Rosa y también, por extensión, a nosotras y nuestras emociones.

Ana Noguera Montagud

La fisura del alma

Mamá. Es el nombre más precioso que conozco y el que más me horroriza. Me da pavor no estar a la altura de lo que se espera de una madre. Nadie te enseña a serlo. Un día se da a luz o te abren, y te sientes la persona más importante y vulnerable del universo.

Sí se aprende lo que nunca quieres que te hagan. Se aprende con el propio dolor, ¡cuánto duele el dolor de un hijo! Es desgarrador.

Tengo una edad gastada, no mucha ni insuficiente, y me siento desfallecer. Estoy saturada, agotada de pensar, luchar, reír, llorar y vivir.

Me encuentro en el proceso de averiguar la enseñanza que el universo me muestra. Ya no me cuestiono si es justo o no.

No me quedan fuerzas; pero voy a seguir viviendo porque, para mí, ser MADRE es lo más increíble, fascinante e importante que me ha pasado en la vida.

Me sentí completa cuando las parí y ellas me dan la vida que, a veces, noto escaparse con sigilo a diario cuando me atenazan los recuerdos.

Mis hijas me quitan el sueño, pero sueño con poder ver realizados los suyos. Atrapan mi tiempo, pero no sé vivir sin tener algo que hacer por ellas. Me dan la vida que respiro y muero de cansancio cuando las cosas se tuercen o no salen, cuando las veo sufrir, cuando quiero ayudarlas y no se dejan, cuando vuelan alto y no las alcanzo, cuando corren y no las localizan mis pupilas. Cuando desaparecen y su felicidad no es la mía.

¡Cuánto duele el dolor de un cuerpo que no controlas porque no te pertenece!

Estoy entendiendo ahora mismo que me has enseñado, madre, a fuego lento, que mis hijas pertenecen al universo y yo solo les doy cobijo durante un tiempo.

Que tengo mucha suerte de haber vivido junto a ellas la plenitud del cosmos. Que mi fortuna muchos la quisieran y morirán sin sentir lo que yo siento. Que venir al mundo ya es un lujo; a veces, un placer inmenso.

Que la vida es saber que debes morir y, cuando a mí me toque, les estaré agradecida a todos los seres que me han hecho mujer y persona sensible.

Necesito alimentar el alma con leche materna para que siga a mi lado con cordialidad y no como un cuerpo extraño que, sabiendo de su existencia, ahora aflora con fulgor juvenil, y yo me siento mayor, de repente.

He llenado mi vida plena, abundantemente con los míos y lo que nos gustaba hacer juntos. Ahora que necesitan menos de mí, ahora que me devuelven mi vida, la que nunca me arrebataron conscientemente, pero yo entregué con desmesura, ahora no sé qué puedo hacer conmigo misma.

Me he perdido. Es como una gran indigestión que debo masticar trozo a trozo. Hay porciones de alimentos disociados con deglución más lenta. Otros se estancan por el camino y algunos se esfuman en el trayecto.

Detener la calma

Estoy intentando luchar contra el destino. Si mi alma sabe lo que debe hacer, a qué ha venido aquí. Yo no lo tengo nada claro. Sé que quedarme quieta sin hacer nada para avanzar, respirar y alimentarme es abandonarme al vacío, enterrar mi vida. Porque lo más fácil es dejarme llevar en cada momento por mi estado de ánimo y las pocas fuerzas que noto tener.

Lucho. Lucho por contener las lágrimas, por abrir la boca para comer, por levantarme de la cama, por sonreír mientras trabajo. Y cuando llego a casa, solo quiero descansar del ruido y no escuchar el cuerpo que pesa podrido. Pero la cabeza no para de darme vueltas, el estómago me duele, el sabor a metal de la saliva me asquea. El corazón se marcha del pecho y desgajo una voz apagada. ¿A quién le voy a contar lo que siento?

Se ha escondido la ilusión y me acecha el desánimo. Nada me provoca alegría y solo clausurar la mirada me da un poco de calma.

Cuando veo que no sé nada, noto y presiento el daño. Quiero evitarlo, lo rechazo de mi pensamiento; aunque el corazón con su latido insistentemente punzante me recuerda, como una herida abierta, que hay algo por lo que preocuparme.

Me viene de nuevo a la mente ella. Intento tranquilizarme, respirar y pensar desde la lejanía, observar desde la distancia la película de esta vida que no siento mía, que no entiendo, que me destroza por dentro y abrasa por fuera.

Es como si intuyera acercarse el DESASTRE, con mayúsculas, y me aterra. No me cabe más dolor. No es un daño hacia mí, es hacia ella y se lo quiero decir, lo quisiera evitar y no puedo.

Imagino la película de un futuro que no me pertenece, sintonizada con sobresaliente calidad, y no dispongo del mando. Me aparto de la televisión, pero me persiguen las imágenes. Cierro los ojos y escucho lo que ocurre. Intento dormir y en el limbo participo, sin ser invitada, sufriéndolo más cruelmente, si es posible.

Ella se ha ido. Algo superior y poderoso ha sesgado el cordón que nos unía. Noto que ha sido para siempre y que no deja de brotar de mis entrañas sangre caliente que me trago a grandes sorbos y me ahoga a la vez que atraganta.

Juro, desde lo más profundo y sincero de mi ser, que no actúo de forma egoísta. Juro que no adopto un papel de víctima. Tengo muy claro que su identidad y la mía no van de la mano. No trato de retenerla. Está ya muy lejos.

Llevo días sin llorar, ni me acuerdo ni me importa cuántos. Las lágrimas no sabían salir. Eran mucho el esfuerzo y pocas las fuerzas.

Estoy muy seca y, sin embargo, ahora me resbalan por su cauce. Supongo que eso es bueno. Me noto algo más viva.

"Amor, Amor" es su fragancia y, cuando la huelo, me corta la respiración. Es penetrante y pesada. Me llega al cerebro y, sin compasión ni piedad, se instala abarcándolo todo. No me deja discurrir y no puedo parar de pensar en ella.

Es la contradicción más clara que me viene a la mente. Todo a la vez, nada en el sitio, mucha angustia, necesidad de gritar e impotencia para hacerlo.

Me parece que alguien me está avisando desde hace tiempo. No sé quién ni de qué. No escucho con claridad lo que me intentan decir. Me rebelo ante mi estado anímico.

Si realmente no me pasa nada, ¿por qué siento tanto? Si escucho al corazón, ¿por qué me perturben las ideas? Si no lo escucho, ¿por qué me quiero marchar? ¿Dónde habita la coherencia entre la mente y el cuerpo?

Se me apagó la luz del alma y no sé por dónde transitar. Se me acabó el camino y a un solo paso, en cualquier dirección, está el precipicio.

Me duele y quema tanto el pecho que quisiera desintegrarme para volar. Coger mucho aire puro y perderme en el infinito. Ver la nada relajada. Sentir la plenitud de un punto fijo. Llega a su fin algo gastado y muy bien aprovechado.

¿Quién está jugando conmigo? Tan pronto me despido como persigo un nuevo destino.

La plenitud del vacío

Camino hacia un lugar que se me antoja inmenso y todo lo grande tiene, sin discusión, su parte buena que quiero conseguir retener junto a mí.

Quizá para muchos Dios sea lo más grande. Pero, por inaccesible, anida entre todos como el alma que nos conduce veloz en el transitar, con parada en el tiempo que siempre fenece.

La verdad, en toda su amplia magnitud, reconforta por dura que, en principio, parezca. La familia con su ternura construye, la vida deforma; te hace crecer y ser. La amistad que se busca se encuentra si ofreces bondad y sinceridad. La que se cultiva, con mucha suerte, perdura. *Nunca* o *jamás* son términos que por prudencia evito en mi vocabulario.

El amor tiene un significado envolvente, protector-destructor, deseado e impulsor de acciones que, con consciencia completa, reparto, ya que me reconforta dar el que tengo siempre. Recibo más del que puedo guardar y ese privilegio me empuja a ofrecer sin temor a perderlo.

Por todo ello soy, sinceramente, tremendamente afortunada. Y cuando, cercano a mí, vivo un ahora sutilmente hipócrita, respiro mirando al cielo y sigo pensando que dispongo de mucho tiempo para aprender a ser mejor.

Gracias es un vocablo precioso que, a diario alimento, me encanta desgastar. El *perdón* siempre lo tengo a mano, no me avergüenza reconocerlo. A veces maquilla mis labios. ¡Tiene un color tan vital y necesario!

EL REGRESO DE LO QUE NO FUE

Siento que mi persona es una esfera hecha con piezas que encajan a la perfección, de diferentes materiales para poder rodar en todas las direcciones y a diferentes velocidades.

Me he pasado la vida circulando, rodando, botando y rebotando. Ahora las piezas lesionadas se están soltando y no puedo controlar el rumbo; ni siquiera cuando empuja fuertemente el viento.

La esfera está llena, a rebosar, y no ha tenido ni calma ni paz. Noto cómo los ingredientes que se golpean son de consistencia variada, de materiales diversos, de espesor inespecífico. Todo se torna fundente y pegajoso. Me quema por dentro y sostengo un exterior helado.

No sé dónde colocarme porque no logro parar mi mente. Mi cuerpo no soporta el envite de la vida que, siendo mía, vivo como una extraña y me amordaza.

La alegría. Ese sentimiento tan atractivo y económico que siempre me invadía ahora no lo encuentro, buscándolo desesperadamente. Quiero ser sin sentir dolor. Quiero estar escogiendo el lugar. Quiero querer cosas sencillas y, con tranquilidad y armonía, poder avanzar. Quiero desprenderme del miedo.

Hace años me contaron que somos el conjunto de lo que uno es, lo que tiene y lo que representa.

Supongo que el equilibrio entre los tres factores proporciona armonía y serenidad. Imagino que la carencia total de alguno desestabiliza y, según la personalidad, te hundes o lo superas. Vivir es una experiencia en sí misma potentemente frágil.

Poseo mucha fuerza de voluntad, constancia y tenacidad. Tengo junto a mí personas increíbles: mis hijas, mi marido, mis hermanos, mi madre. Disfruto de bienes materiales que hemos conseguido con esfuerzo exagerado. Sé perfectamente lo que es pasar penurias.

Desconozco lo que represento en realidad. Siempre me han descrito como empática, jovial, asertiva, emprendedora, intuitiva y muy cariñosa. Con el don de dar lo que cada uno pide o necesita en el momento justo. Me parece precioso, me hace sentir bien y sigo esforzándome por no defraudar ni defraudarme.

Aseguro que ahora me siento mal, pequeña, invisible ante mis ojos. Tan llena como vacía al mismo tiempo.

He protegido mi gran soledad interior con murallas de cristal donde poder reflejar lo que nunca tuve. Donde poder ver plasmados los sueños con nitidez. Murallas tan altas que nadie pudiera traspasar y ahí, ahogada en el olvido y el letargo, he vivido por y para los demás.

Cuando el cristal se ensucia, se deteriora, se resquebraja o un tornado lo fractura deja al descubierto el abandono que siento muy mío. Me pertenece, ya que jamás se cubrió. Siempre me ha perseguido.

Me olvidé de querer a quien más me quería y luego no supe cómo se hacía. ¡Me olvidé de mí misma!

Se me cortó la respiración y vivo con un hilo de aliento que me va desgajando por dentro.

Apagar el frío

La época que con mayor intensidad y placer recuerdo es aquella en la que, estando espontáneamente viva, conseguía cualquier objetivo que me hubiera propuesto. Me mantenía con eufórica vitalidad en el presente, a veces no armónico, a la espera de un misterioso, atractivo e intangible momento venidero. Sorprendentemente, muchos distintos a lo imaginado. Más ensoñadores, prometedores y deliciosos de lo que la imaginación pudo sospechar.

El abandono personal y el aburrimiento son los narcóticos más debilitantes que destrozan los latidos del corazón. Fracturan los órganos internos y exponen el ser a una fragilidad hiriente. Sin coraza por la vida es fácil sentirse débil o que te aplasten.

Es cierto que me alejo de experiencias nuevas y estimulantes porque nada me inyecta la excitación con la que estaba acostumbrada a lidiar.

Quizá tanto café emocional me ha intoxicado el organismo y esté en fase de recuperación y limpieza.

¿Acaso he perdido la seguridad interior, la confianza en mí misma para solucionar cualquier problema? Lo cierto es que todo se me hace grande, pesado y eterno.

Envuelta en autoestima de espuma. No busco problemas, estoy cansada. Sé que los puedo solucionar. Siempre he podido, con el esfuerzo que me ha supuesto conseguir el objetivo o comprobar que avanzaba con rumbo erróneo para intentar rectificar a tiempo.

Lo que recuerdo de mí es que, ante el pánico más aterrador, caminaba en alguna dirección, y hoy me quedo sentada.

Cuando tu entorno laboral te defrauda como ser humano, el azote anímico golpea los cimientos de la confianza de tal manera que es complicado resurgir y volver a confiar mirando a los mismos ojos de siempre; sin percibir el vacío interior, la frialdad e indiferencia que nunca viste como reflejo en las pupilas de los rostros cercanos, por los que hubieras apostado incluso suponiendo que la calidez se desvanecería.

Soy consciente de mi valía por mis múltiples fracasos y estoy agradecida de haberlos tenido y superado. Me siento mejor persona, más completa y satisfecha. Hasta hoy puedo decir que me gusta lo que he hecho, lo que he aprendido, lo que he dado, lo recibido y lo perdido.

Siento haberlo visto casi todo y necesito cerrar los ojos y transportarme a la nada, al silencio absoluto. La calma lo cura. El aroma del olvido deja huellas de distancia.

Estoy tan agotada que no necesito emprender cuando el aburrimiento me consume y el cerebro me hierve.

Pienso nada en concreto y siento tantas emociones mezcladas que me cuesta superar, disociar y catalogarlas.

Quiero saber qué me pasa, darle un nombre. Quizá no me ayude a superarlo antes, pero me dará paz de espíritu. Supongo que afrontar el presente invita a caminar. Es más fácil saber adónde dirigirme si tengo una meta o parto de un lugar conocido.

EL AROMA DEL OLVIDO

Puede que tenga que demostrar permanente lo mucho que me importan los demás para que me consideren y ser visible, porque yo no he sido importante para mí misma jamás. Y ahora que siento que los demás me han fallado, casi todo carece de sentido y la ilusión se me ha evaporado dentro de una gran tormenta de arena, dejándome el exterior ajado y el alma amarga.

Nada es imposible mientras uno vive. Llegará ese día en que crea, vea y pueda. Lo intento. De veras que lo hago, aun sin energía. Respiro y avanzo. Aunque no adelante.

Estoy empezando a pensar que el pasado es un saco de cenizas permeable y tóxico; por ello, debo enterrarlo en un lugar acorazado o esparcirlo en el océano para dejarlo marchar. A mí me pesa mucho, siendo insignificante en la inmensidad de su masa terrestre.

Si de verdad quiero respirar, debo abrir las fosas nasales y dirigirlas hacia una fuente de oxígeno puro. Bastaría un pequeño orificio para comenzar. Ni la vegetación más frondosa me serviría ahora que no puedo llegar a la cima del arbusto.

Presiento que tengo que abrir una ventana. Puede ser real o imaginaria. Aunque no quede de par en par, me seduce la idea de ver a través de una rendija. Quizá cómo se acerca una ola y me hipnotiza.

No sé cómo soy. No sirve de mucho o de nada definirse. Es una torpeza, insensatez y prepotencia. Es más sano avanzar que dejarse arrastrar. Lo primero más costoso; pero ¿cuándo no he podido yo con las dificultades? Son mi especialidad y me encantan.

Mi reto es derrotar el extraordinario poder que ejerce mi subconsciente sobre mi persona de manera inconsciente.

Por eso me cuesta, porque no lo veo venir y es un pulpo que me abraza, se me pega y con sus babas tapona los poros de mi piel, dejándome sin oxígeno. Solo tengo que encontrar el tentáculo más laxo y por ahí empezar a desenmarañar el caos. No es imposible. Requiere tiempo y lo tengo.

Pienso que me apetecía tanto que me mimasen que he enfermado de mente y cuerpo para atraer la atención de mi gente. Quizá buscaba a mi madre y no se lo he dicho.

¿Quién más que yo me va a querer con más amor que el mío propio? Si me olvido del resto, de los demás en su conjunto y sujeto los matices destacables de las identidades adecuadas, podré darle forma a mi yo pleno de hoy, de ahora, con lo bueno, lo desconocido y la experiencia como motor de arranque en un tránsito hacia adelante.

Rumbo a ninguna parte, destino a la vida misma. Porque merece la pena vivirla. Por algo adoro el sol y me vuelve loca la luna.

Con todo mi yo

El abandono del nido es lo que peor llevo. La fragilidad que me produce verla partir tan segura, preciosa, vital..., viviendo y escogiendo los destinos que desea. Aplicando el comportamiento que marca su rotunda e inteligente personalidad.

Por el amor que le profeso. Habiendo surgido de mis entrañas. Sabiendo que es plenamente capaz de valerse por sí misma, debo dar las gracias.

Admirando su madurez y sólida independencia, debería sentirme plena y dichosa.

¡Más orgullo no me cabe en el pecho! Siento cómo al alejarse feliz se desvanece entre mis dedos el tacto de su piel. Cómo pierdo el aroma a fresco del cabello recién lavado flotando en el aire. La pamela se le vuela y extiendo los brazos para asirla. Volverá a por ella. Lo supongo, lo presiento.

Las pisadas de las chanclas se atenúan en la lejanía del corto trayecto. El horizonte está lejos. Me gustaría volverla a atrapar. Besarla nuevamente. Abrazarla sin tregua como a un peluche gastado y pegajoso.

Sé que no tendrá confianza en sí misma si no ve confianza en mi persona. Yo confío en ella, en ellas. Se lo he dicho muchas veces, pero siempre son insuficientes. También confío en poder superar esta etapa de la que, cuando oí hablar, nunca le presté suficiente atención y que ahora se ha convertido en la sombra de mi presente.

¡Qué ironía! Recuerdo lo cómoda que me sentía aconsejando a las familias de mis alumnos dar espacio a sus hijos para conseguir, con plenitud, la posibilidad de realizarse con independencia emocional.

«Es fundamental potenciar su autoestima. Ha de saber que es capaz de intentarlo. Debe desear conseguirlo y para ello tiene que hacerlo solo/a; notando tu apoyo desde la distancia, no la sujeción en el camino», les decía.

Ahora he de aplicarme el sermón como una lección de vida. Saboreando cada palabra como el día que las pronuncié, sintiéndolas más mías que nunca. En paz con mi conciencia. Alejando el ego y acariciando el corazón.

Él no es egoísta ni posesivo. Es inocuo e inocente. Feliz por naturaleza. Complejo en su estructura y funcionamiento. Impecablemente armónico. No se detiene emocionalmente y se queda inmovilizado.

Noto que la dependencia emocional, el excesivo apego, es el principal enemigo de la felicidad, de la plenitud y de la posibilidad de realizarse en el momento actual.

Si no me encuentro, no me tengo y no me entrego a mí misma, puedo desaparecer conscientemente. Algo muy cobarde por mi parte y dañino hacia lo que más quiero y venero.

Lo que esconden las murallas

Cuando las fuerzas te fallan y el mundo lo ves del revés, solo tienes la opción de sujetarte a un tronco para no naufragar, y yo descubrí, una mañana cualquiera, que tenía en mi casa dos grandes pilares.

De Laura he aprendido que nada se escribió de los cobardes. Que el dolor nunca debe enterrarse si tienes ganas de respirar. Que el olvido se pasa, lo encerramos nosotros en la mente poderosa y perversa. Lo recuperamos al abrigo del alma.

Me ha enseñado la importancia de comprender y la necesidad de no saber, algunas veces.

Todo está bien y fluye. Si buscas justificación incesantemente, mueres cada día un poco más rápido en un intento infructuoso por alcanzar algo que, posiblemente, llegue en el momento justo, no en el que tú anhelabas.

Da la cara con alegría. Levántate con vitalidad. Trabaja a plena satisfacción. Descansa en armonía. Disfruta de los pequeños matices. La vida es un gran tropiezo en una aventura de riesgo.

Al ritmo del instante se es más eficiente. Ni el antes ni el después importan ahora porque, si lo estropeas, determinas un futuro sin que cambie en nada el pasado. Este, jamás vuelve. Sí el momento presente; tan efímero como real al mismo tiempo, te persigue, minuto a minuto, y se marcha volando.

A su corta edad, Carla me ha enseñado que cada piedra es el camino, cada obstáculo una aventura, cada logro el alimento en el descubrimiento de nuestra fuerza y seguridad.

Cada decepción siempre te convierte en mejor persona; porque compruebas lo interesante que es avanzar. Un pequeño centímetro es un gran reto y, compartirlo con amor, todo un privilegio.

No desfallecer es el aprendizaje que me colmará de serenidad para dejaros marchar. Y, ahora que voláis, la fuerza que tenéis quizá sea un pedazo de mi alma desprendido de mi ser.

¡Gracias por respirar, cerca o lejos de mí!

Mamá.

ÍNDICE